DEREK PRINCE

I0159847

KUTSAL RUH KİMDİR?

Size Kutsal Kitap'taki en az anlaşılan
kişiyi takdim ediyorum

GDK

GDK YAYIN NO: 180
KİTAP: Kutsal Ruh Kimdir? / *Who is the Holy Spirit?*
YAZAR: Derek Prince
ÇEVİRMEN: Ani Kazazyan
KAPAK: Keğanuş Özbağ

ISBN: 978-1-78263-463-8
T.C. Kültür ve Turizm Bakanlığı Sertifika No: 16231

© **Gerçeğe Doğru Kitapları**
Davutpaşa Cad. Emintaş
Kazım Dinçol San. Sit. No: 81/87
Topkapı, İstanbul - Türkiye
Tel: (0212) 567 89 92
Fax: (0212) 567 89 93
E-mail: gdksiparis@yahoo.com
www.gercegedogru.net

Originally published in English under the title *Who is the Holy Spirit?*
Copyright © 1995 by Derek Prince Ministries–International All rights
reserved. Derek Prince Ministries–International P.O. Box 19501,
Charlotte, North Carolina, 28219-9501 U.S.A. Turkish translation is
published by permission Copyright © 2013 Derek Prince Ministries–
International. **www.derekprince.com**

Kutsal Kitap alıntıları, aksi belirtilmedikçe
Türkçe *Bible Server.Com*'dan yapılmıştır.

Baskı: Anadolu Ofset – Tel: (0212) 567 89 93
Davutpaşa Cad. Emintaş Kazım Dinçol San. Sit.
No: 81/87 Topkapı, İstanbul
1. Baskı: Ocak 2013

İÇİNDEKİLER

BÖLÜM 1

BİR BİREY – VE BİR BİREY DEĞİL

Kutsal Kitap doğaüstü bir şekilde esinlenmiş Tanrı vahyinden oluşur. Tanrı bizden çok "farklı"dır ve bu nedenle Kutsal Kitap'ı vahyeden Tanrı'yla iletişime geçebilmek için alıştığımız konuşma tarzımızı düzeltmemiz veya derinleştirmemiz gerekebilir.

Tanrı'da, teklik ve çokluk ayrılmaz bir şekilde birbirine bağlıdır. Bu gizem bizi Kutsal Kitap'ın başlangıç ayeti olan şu ayete götürür: *"Başlangıçta Tanrı göğü ve yeri yarattı"* (Yaratılış 1:1). İbranice *elohim* ("Tanrı" kelimesinin İbranicesi) kelimesi çoğul bir yapıya sahiptir ama *bara* (yarattı) kelimesi tekildir. Başka bir deyişle bu cümlenin orijinalinde tekil ve çoğul bir aradadır.

Daha ilerledikçe, mesela Yaratılış 1:26 ayetine baktığımızda Tanrı hakkında yine tekilin ve çoğulun bir arada kullanıldığı bir durumla karşılaşıyoruz: *"Tanrı, 'İnsanı kendi suretimizde, kendimize benzer yaratalım...' dedi."* "Dedi" fiili tekilken, "suretimizde, kendimize ve yaratalım" kelimelerinin ifade ettiği "biz" zamiri çoğuldur. Tanrı'ya atfen kullanılan bu tekil ve çoğul kombinasyonu, başka ayetlerde de tekrarlanır. Yeşaya peygamber bir görümde Tanrı'yı tahtında otururken görür ve O'nun şöyle dediğini duyar: *"(Ben) Kimi göndereyim? Bizim için kim gidecek?"* (Yeşaya 6:8). Bu cümledeki "Ben" zamiri tek bir kişinin konuştuğunu belirtirken daha sonra kullanılan "bizim" zamiri birden fazla kişi adına konuşulduğunu belirtir.

Kutsal Kitap'taki gelişen vahyin içinde her biri Tanrı olan üç belirgin Kişi ortaya çıkar: Baba Tanrı, Oğul Tanrı ve Kutsal Ruh Tanrı. Kutsal Ruh, bu üçünün içinde Kutsal Kitap'ta şahsen adından söz edilen ilk Kişi'dir: *"Tanrı'nın Ruh'u suların üzerinde dalgalanıyordu"* (Yaratılış 1:2).

Işık "Benzetmesi"

Tanrı'yı biz "açıklayamayız" ama Tanrı Kendi yarattığı dünyaya Kendini vahyetmek için bazı "benzetmeler" kullanmıştır. Bunlardan biri **ışık** benzetmesidir. Üzerinde çok kafa yormamamıza rağmen, ışık günlük hayatımızın önemli bir parçasıdır ve en az iki değişik anlamda kullanıldığını görürüz.

Işık, temel **üç** rengi yansıtır: Mavi, sarı ve

kırmızı. Aynı zamanda gök kuşağı da yedi renkte kendini gösterir: Mor, lacivert, mavi, yeşil, sarı, turuncu ve kırmızı. Yani ışık, bütünlüğü içinde üç temel rengi ve gökkuşağında olduğu gibi yedi rengi barındırır.

Kutsal Yazılar'a göre yedi sayısı, Kutsal Ruh ile bağlantısı olan özel bir sayıdır. Vahiy 4:5 ayetinde "Tanrı'nın yedi ruhu"ndan bahsedilir. Yeşaya 11:1-2 ayetlerinde de Kutsal Ruh'un İsa'yı nasıl Mesih (kutsal yağ ile mesh edilmiş) olarak ayıracağı hakkındaki peygamberliği okuyoruz. Yeşaya Kutsal Ruh hakkında yedi temel özelliği listelemiştir: Rabbin Ruhu (Tanrı'nın ilk şahsı olarak konuşan Ruh); Bilgelik Ruhu; Anlayış Ruhu; Öğüt Ruhu; Güç Ruhu; Bilgi Ruhu; Tanrı Korkusu Ruhu.

Burada önemli olan, (İsa'nın kendisi için bile) Bilgi Ruhu'nun Tanrı Korkusu Ruhu ile dengelenmesidir. Aksi takdirde bilgi, gurur kaynağı olabilir. Bilgi kişiyi böbürlendirir ve kibre sürükler (Bkz. 1. Korintliler 8:1).

Kutsal Ruh, Elçilerin İşleri 13:2 ayetinde açıkça Tanrılığını açıklar. Bu ayette Kutsal Ruh Antakya Kilisesi önderlerine konuşur: *"Kutsal Ruh kendilerine şöyle dedi: Barnaba ile Saul'ü, kendilerini çağırmış olduğum görev için bana ayırın."* Kutsal Ruh, burada açıkça Tanrı olarak konuşmaktadır.

7

İnsanın Geriye Satın Alınmasında Tanrı'nın Rolü

Tanrı'nın merhametinin belki de en büyük göstergesi, düşmüş insan ırkının günahlarına karşılık İsa Mesih'i fidye olarak sunmasıdır. Bu ilahi plan hakkında araştırma yaparken, heyecanlı bir keşifte bulundum. Kurtarışın tüm aşamalarında Tanrı'nın her Şahsı aşağıda belirtilen eşsiz ve kendine özgü rolü oynar:

1. İsa Mesih'in Ana Rahmine Düşüşü: Baba Tanrı, İsa'nın Meryem'in rahminde Kutsal Ruh aracılığı ile oluşmasını sağladı (Bkz. Luka 1:35).

2. İsa Mesih'in Hizmetine Başlaması: İsa, Yahya tarafından vaftiz edilirken, Kutsal Ruh O'nun üzerine bir güvercin gibi indi ve Baba Tanrı göklerden O'nu Oğlu olarak tasdik etti (Bkz. Luka 3:21-22).

3. İsa Mesih'in Hizmeti Sırasında: Elçi Petrus, Elçilerin İşleri 10:38'de şöyle özetler: *"Tanrı'nın* (Baba Tanrı) *Nasıralı İsa'yı nasıl Kutsal Ruh'la ve kudretle meshettiğini biliyorsunuz. İsa her yanı dolaşarak iyilik yapıyor, İblis'in baskısı altında olanların hepsini iyileştiriyordu..."*

4. İsa Mesih'in Çarmıhtaki Kurbanlığı: *"...sonsuz Ruh (Kutsal Ruh) aracılığıyla kendini lekesiz olarak Tanrı'ya (Baba Tanrı) sunmuş olan Mesih ..."* (Bkz. İbraniler 9:14).

5. İsa Mesih'in Göğe Yükselişi: *"Baba Tanrı, Kutsal Ruh aracılığı ile İsa Mesih'i göğe yükseltmiştir"* (Bkz. Romalılar 1:4; 8:11).

6. Pentekost: *"O, Tanrı'nın sağına yüceltilmiş, vaat edilen Kutsal Ruh'u Baba'dan almış ve bu Ruh'u üzerimize dökmüştür"* (Bkz. 2:33).

Kurtarış planının her aşamasında Kutsal Ruh Kendi'ne düşen hayati rolü oynamıştır. O, "Lütufkâr Ruh" ve "Yücelik Ruhu" olarak adlandırılmayı hak ediyor (O lütuf ki yüceliğe götürür. Bkz. İbraniler 10:29; 1. Petrus 4:14).

Hem Bir Kişi Hem Değil

Kutsal Ruh'un kavrayışımızı zorlayan ve eşi benzeri olmayan başka bir gerçekliği de budur. Ruh hem bir Kişi, hem de bir kişi değildir (hem "O" hem değil).

İncil'in bize ulaştığı dil Grekçedir. Grekçede üç cins vardır: Eril, dişil ve nötr. Dil bilgisi açısından bakıldığında Grekçe "ruh" kelimesi olan *pneuma,* nötr bir kelimedir ve bu nedenle bu kelime ile kullanılacak zamir nötr olmalıdır. Bununla birlikte hem eril cinste "O", hem de nötr cinste "O" zamirleri (ama asla dişil cins "O" değil) Kutsal Ruh'a atfedilmiştir. Örnek: Yuhanna 16:13 ayeti Grek dilbilgisi kurallarına göre incelendiğinde, Kutsal Ruh'un eril cins "O" ve nötr cins "O" olarak vurgulandığı görülür: *"Ne var ki O, yani Gerçeğin Ruhu geldiğinde..."*

[Dilimizde karşılığı olmasa da, Grekçede de İngilizcede bulunan "the" kullanımındaki gibi belirtme sözcüğü (artikel) kullanımı vardır (Ancak Türkçe gibi Latince veya Rusça gibi bazı dillerde de "the" kullanımını karşılayan bir artikel bulunmaz). Grekçe İncil'de "Kutsal Ruh" bazen belirtme sözcüğü kullanımı ile birebir örtüşür, ama bazen de bu ayrım görülmez. Bu kullanımlardaki farkı, Türkçede belirtme sözcüğü kullanımı olmadığı için tam olarak açıklamamız zordur. Bu nedenle maalesef, "Kutsal Ruh" ile belirtme sözcüğü kullanılarak yazılmış "Kutsal Ruh" arasındaki farkı Türkçe Kutsal Kitap'ta ayırt etmemiz çok güçtür.][1]

Bununla birlikte ana dili İngilizce olanlar için "the" (belirtme sözcüğü) olmadan yazılan "Kutsal Ruh" kulağa eksik gelir. Bu nedenle orijinal Grekçesinde olmasa bile, İncil'in tüm İngilizce tercümelerinde "Kutsal Ruh" kelimesinden önce mutlaka artikel konur. Belirtme sözcüğü kullanılmayan yerleri açıkça belirleyebilmek için, orijinal Grekçe ayetlere bakmamız gerekir.

"Kutsal Ruh" kelimesinden önce kullanılan ve kullanılmayan belirtme sözcüklerinin önemli

---

[1] Çevirmenin Notu.

bir ayrımı vurguladığını Grekçe İncil çalışmalarım sırasında fark ettim. Grekçede belirtme sözcüğü kullanılmadan yazılan "Kutsal Ruh", kişi olma özelliğinin vurgulanmadığı yerlerde kullanılıyor: Bir yaşam, bir güç, bir kuvvet, bir varlık veya bir etki. Diğer taraftan, "Kutsal Ruh" kelimesinden önce artikel kullanılan yerlerde Kutsal Ruh'tan bir şahıs olarak bahsedilmektedir.

Bir şahsın en belirgin özelliği konuşma yeteneğidir. Pentekost Günü'nde, Kutsal Ruh gökten indiğinde, havariler aracılığı ile bilinmeyen dillerde **Konuştu**. Böylece, bir Şahıs olarak dünyadaki yerini aldığını göstermiş oldu. O artık Tanrı'nın dünyadaki daimi, kişisel temsilcisidir.

Pentekost Günü'nden bu yana, Kutsal Ruh bir imanlının hayatında Birey olarak kendi yerini her aldığında, o imanlının içinde Kendi varlığını imanlıya bilinmeyen dillerle dua etme armağanını vererek dışa vurur. Bunu yaparak şunu demiş olur: "Bir Şahıs olarak senin bedeninde olduğumu artık sen de biliyorsun."

Bu nedenle 1. Korintliler 6:19 ayetinde Pavlus, gerekli artikeli "Kutsal Ruh" kelimesinden önce koymaktadır: *"Bedeninizin, Tanrı'dan aldığınız ve içinizdeki Kutsal Ruh'un tapınağı olduğunu bilmiyor musunuz?"* O bu ayette, bilinmeyen diller ile konuşmanın sadece doğaüstü bir

11

deneyim olmadığını belirtmektedir. Öte yandan bu durum, Kutsal Ruh'un bir Şahıs olarak imanlının bedeninde olduğunun ve bu bedeni kutsal bir mabede dönüştürdüğünün kanıtıdır. Bu nedenle, her imanlının bedenini Tanrı'nın mabedine yakışır bir şekilde kutsal tutma zorunluluğu vardır.

Aynı artikel Kutsal Ruh'un kilisedeki otoritesini betimlemek için (elçiler gönderme, kilise ihtiyarlarının atanması veya elçisel hizmetlerin yönlendirilmesi) kullanılmıştır.

Öte yandan, bu artikel insanların vaftiz edildiği veya Kutsal Ruh ile dolduğu belirtilirken hiç kullanılmamıştır. Bu artikelin kullanılmaması, bu durumlarda Kutsal Ruh'un kişisel olarak görülmediğini ama bir yaşam, bir güç veya bir etki olarak varlığını ortaya koyduğunu göstermektedir.

Aşağıda iki liste vereceğim: İlk listede Kutsal Ruh'un Grekçede artikel ile birlikte kullanıldığı ayetler; ikincisinde ise bu artikel olmadan kullanıldığı ayetler yer alır.

1. Artikel ile Kullanılan Ayetler:

Matta 12:31 *"...Ama Ruh'a edilen küfür bağışlanmayacaktır"* (Markos 3:29 ile karşılaştırabilirsiniz).

Markos 13:11 *"...Çünkü konuşan siz değil Kutsal Ruh olacak."*

Luka 3:22 *"...Ve Kutsal Ruh, bedensel görünümde, güvercin gibi O'nun üzerine indi* (İsa Mesih'in).*"*

Luka 12:12 *"Kutsal Ruh o anda size ne söylemeniz gerektiğini söyleyecektir."*

Yuhanna 14:26 *" ...Yardımcı, Kutsal Ruh, size her şeyi öğretecek... "*

Elçilerin İşleri 2:38 *"...Ve Kutsal Ruh armağanını alacaksınız."*

Elçilerin İşleri 5:3 *"...Hananya nasıl oldu da Şeytan'a uydun, Kutsal Ruh'a yalan söyleyip... "*

Elçilerin İşleri 13:2 *"...Kutsal Ruh kendilerine şöyle dedi: 'Barnaba'yla Saul'ü, kendilerini çağırmış olduğum görev için bana ayırın.'"*

Elçilerin İşleri 13:4 *"Kutsal Ruh'un buyruğuyla yola çıkan... "*

Elçilerin İşleri 15:28 *"Kutsal Ruh ve bizler ... uygun gördük."*

Elçilerin İşleri 16:6 *"Kutsal Ruh'un, Tanrı sözünü Asya İli'nde yaymalarını engellemesi üzerine... "*

Elçilerin İşleri 20:28 *"...Ve Kutsal Ruh'un sizi gözetmen olarak görevlendirdiği... "*

Elçilerin İşleri 21:11 *"Kutsal Ruh şöyle diyor... "*

1. Korintliler 6:19 *"Bedeninizin, Tanrı'dan aldığınız ve içinizdeki Kutsal Ruh'un tapınağı olduğunu bilmiyor musunuz?"*

2. Artikel Olmadan Kullanılan Ayetler:

Matta 1:18 *"...(Meryem'in) Kutsal Ruh'tan gebe olduğu anlaşıldı."*

Matta 3:11 *"...O sizi Kutsal Ruh'la ve ateşle vaftiz edecek"* (Markos 1:8; Luka 3:16; Yuhanna 1:33; Elçilerin İşleri 1:5 ile karşılaştırabilirsiniz).

Luka 1:15 *"...Daha annesinin rahmindeyken (Vaftizci Yahya) Kutsal Ruh'la dolacak."*

Luka 1:35 *"...Kutsal Ruh senin (Meryem'in) üzerine gelecek... Bunun için doğacak olana kutsal, Tanrı Oğlu denecek."*

Elçilerin İşleri 10:38 *"...Tanrı'nın, Nasıralı İsa'yı nasıl Kutsal Ruh'la ve kudretle meshettiğini biliyorsunuz."*

Romalılar 14:17 *"Çünkü Tanrı'nın egemenliği... doğruluk, esenlik ve Kutsal Ruh'ta sevinçtir."*

Romalılar 15:13 *"Kutsal Ruh'un gücüyle umutla dolup taşmanız için..."*

Romalılar 15:16 *"Öyle ki uluslar, Kutsal Ruh'la kutsal kılınarak..."*

1. Korintliler 12:3 *"...Kutsal Ruh'un aracı-*

14

lığı olmaksızın da kimse 'İsa Rab'dir' diyemez."

Titus 3:5 *"...Üzerimize bol bol döktüğü Kutsal Ruh'un yenilenmesiyle..."*

İbraniler 2:4 *"...Belirtiler, harikalar, çeşitli mucizeler ve kendi isteği uyarınca dağıttığı Kutsal Ruh armağanlarıyla..."*

İbraniler 6:4 *"...Kutsal Ruh'a ortak edilmiş..."*

2. Petrus 1:21 *"Kutsal Ruh tarafından yöneltilen insanlar..."*

Yahuda 20 *"Kutsal Ruh'un yönetiminde dua edin."*

* * *

Son olarak, Kutsal Kitap'ta Kutsal Ruh için kullanılan birçok unvandan bazılarına dikkatinizi çekmek istiyorum: Lütuf Ruhu; Yücelik Ruhu; Bilgelik Ruhu; Gerçeğin Ruhu; Öz denetim Ruhu.

Bu sıfatların önemi hakkında derin düşünün ve kendiniz için Ruh'un diğer sıfatlarını araştırın. Sonra İsa'ya, söz verdiği gibi Kutsal Ruh'unu yolladığı için şükretmeye zaman ayırın.

BÖLÜM 2

SONSUZ, HER ŞEYİ BİLEN
VE HER YERDE OLAN

Bu bölümde, Tanrı'nın Üçlü Birlik olan doğasındaki üçüncü Şahsı Kutsal Ruh'u daha derinlemesine ele alacağız. Kutsal Ruh'u belirgin şekilde betimleyen üç önemli sıfat vardır: Sonsuz, her şeyi bilen ve her yerde olan.

Sonsuz

İlk kez Pentikostal bir ayine katıldıktan sonra vaiz bana, "Bir günahkâr olduğuna inanıyor musun?" diye sormuştu. Bu soruyla karşılaştığımda profesyonel bir filozoftum ve Cambridge Üniversitesi'nde "tanımlar" üzerine tezimi yeni tamamlamıştım. Soruyu duyar duymaz hemen aklımdan "günahkâr" kelimesinin tanımlarını geçirdim. Aklımdan geçirdiğim tüm tanımlar bana uyuyordu! Ve soruyu cevapladım: "Evet, ben bir günahkâr olduğuma inanıyorum!"

Sonra vaiz bana başka bir soru sordu: "Mesih'in senin günahların için öldüğüne inanıyor musun?" Bu soruyu tekrar tekrar düşündüm ve sonra şu şekilde cevapladım: "Sana gerçeği söylemem gerekirse, İsa Mesih'in 19 yüzyıl önce gerçekleşmiş ölümünün hayatım süresince işlediğim günahlarla ne ilgisi olabileceğini anlayamıyorum."

Vaiz benimle tartışmaya girmeyecek kadar bilge biriydi ama benim için dua ettiğine eminim! Birkaç gün sonra İsa Mesih ile çok güçlü bir karşılaşma yaşadım ve bu hayatımın tüm gidişatını değiştirdi. Özellikle, Kutsal Kitap artık benim için yaşayan ve anlamlı bir kitap oldu.

Bir süre sonra İbraniler 9:14'ü okuyordum: *"...Sonsuz Ruh aracılığı ile kendini lekesiz olarak Tanrı'ya sunmuş olan Mesih'in kanının..."* Birden "sonsuz" kelimesinin önemini kavradım. Bu kelime sadece "çok uzun süren" anlamından çok daha geniş bir anlama sahipti. Bu kelime sınırlı bir zamanın çok daha üzerinde ve ötesinde bir anlamı kapsıyordu (geçmişi, şimdiyi ve geleceği barındıran ve birleştirendi).

İsa çarmıhta kendini sunduğunda, bu sunu sadece öldüğü ana ait kısıtlı bir zamanı kapsamıyordu. Bu eylem, her çağda yaşamış tüm insanları kapsıyordu (geçmiş, şimdi ve gelecek). On dokuz yüzyıl sonra işlediğim günahlar da buna dahildi.

Grekçe "sonsuz" sıfatı ölçülemez bir derinliğe sahiptir. Bu kelime *"aion"* adından türemiştir. *"Aion"* aşağıdaki tercümelerde de görüleceği gibi bir zaman dilimi ölçüsüdür:

İbraniler 7:24 : *"...Sonsuza dek..."* Buradaki kullanımı şimdiki çağın süresi boyunca anlamındadır..

Yahuda 25: *"...Bütün çağlardan önce, şimdi ve bütün çağlar boyunca..."* Şimdi ve sonsuzlarca anlamındadır.

Galatyalılar 1:5: *"...Sonsuzlara dek..."* Yıllar ve çağlar boyunca demektir.

Ne yazık ki Türkçe tercümelerde Grekçede kullanılan sonsuz kelimesinin o muhteşem derinliğini hissedemiyoruz ama bu ifadeler (ve benzerleri) beni mest ediyor. Kendimi dipsiz bir uçurumla ayrılmış, çıkamayacağım kadar yüksek iki dağın arasında minicik bir damla gibi hissediyorum. Çağlardan oluşmuş bir başka çağın olduğunu ve o çağın da başka çağlardan oluşabileceğini aklım almıyor. Sonsuz olan Kutsal Ruh, ölçülemez geçmiş ile sınırsız geleceğin tüm bu çağlarını barındırıyor.

Tanrı'ya göklerdeki sonu gelmeyen tapınma konusu hakkında yeni bir kavrayışa sahip olmaya başladım: *"...Her Şeye Gücü Yeten Rab Tanrı, Var Olmuş, Var Olan ve Gelecek Olan"* (Vahiy 4:8).

Her Şeyi Bilen

Kutsal Ruh'un sonsuz olan doğasıyla yakından ilgili olan bir özelliği de her şeyi bilmesidir. 1. Yuhanna 3:20'de havari bizi, derin ve bir o kadar da basit bir vahiy ile yüzleştirir: **Tanrı her şeyi bilir.** Tanrı'nın bilmediği hiçbir şey yoktur. Dünyadaki minicik böcekten uzaydaki en uzak yıldıza kadar, Tanrı'nın bilmediği hiçbir şey yoktur.

Tanrı kendimiz hakkında bilmediğimiz şeyleri dahi bilir. Örneğin: Tanrı başımızdaki saçların sayısını dahi bilir (Bkz. Matta 10:30).

Tanrı Ninova kentinde yaşayanların sayısını biliyordu (Yunus 4:11). Yunus'a gölge yapan bitkiden haberdardı (ve o bitkiyi kontrol edendi) ve o bitkiyi orada Yunus'a gölge yapması için yetiştirendi. O ayrıca bitkinin solmasına neden olan o kurtçuktan da haberdardı ve o kurdu da kontrol ediyordu (Bkz. Yunus 4:6-7).

1. Korintliler 2:9-10 ayetlerinde Pavlus *"hiçbir gözün görmediği, hiçbir kulağın duymadığı, hiçbir insan yüreğinin kavramadığı"* şeyler hakkında yazar. Sonra devam eder: *"Oysa Tanrı Ruh aracılığıyla bunları bize açıkladı. Çünkü **Ruh her şeyi**, Tanrı'nın derin düşüncelerini bile araştırır."*

Kutsal Ruh hem en derin çukurları eşeler,

hem de en yüksek yerlerde olanları ve olacakları değerlendirir. Bilgisi sonsuzdur.

Hayatımız hakkında hesap vermeye hazır olmamız gereken Tanrı sonsuz bilgi ışığına sahiptir. *"Tanrı'nın görmediği hiçbir yaratık yoktur. Kendisine hesap vereceğimiz Tanrı'nın gözü önünde her şey çıplak ve açıktır"* (İbraniler 4:13).

Kutsal Ruh'un doğaüstü bilgisi ve bilgeliğini, İsa Mesih'in dünyadaki hizmetinde, özellikle de Yahuda İskariot ile olan ilişkisinde görmek mümkündür. İsa'nın öğrencileri O'na şöyle dediler: *"İman ediyor ve biliyoruz ki, Sen Tanrı'nın Kutsalı'sın"* (Yuhanna 6:69). İsa onlara verdiği cevapta, Mesih olmasının takipçilerinden birinin O'na ihanet etmesine yol açacağını açıkladı. *"'Siz Onikiler'i seçen ben değil miyim? Buna karşın içinizden biri iblistir.' Simun İskariot'un oğlu Yahuda'dan söz ediyordu. Çünkü Yahuda Onikiler'den olduğu halde İsa'ya ihanet edecekti"* (70 ve 71. ayet). Henüz Yahuda bile kendi yapacağı ihanetin farkında değilken, İsa Kutsal Ruh aracılığı ile olacakları biliyordu.

Hatta, İsa Mesih bu ihanet planını geçekleştirmesi için onu sözüyle serbest bırakmadan, Yahuda bu planı uygulamaya koyamadı. Son akşam yemeğinde Mesih öğrencilerini şöyle uyardı: *"Aranızdan biri bana ihanet edecek."* Sana ihanet edecek olanımız hangisi sorusuna cevap olarak Mesih: *"'Lokmayı sahana batırıp kime verirsem odur' diye yanıtladı. Sonra lokmayı sahana batırıp Simun İskariot'un oğlu Yahuda'ya verdi. Yahuda lokmayı alır almaz Şeytan onun içine girdi. İsa da ona 'Yapacağını tez yap!' dedi. Yahuda lokmayı aldıktan hemen sonra dışarı çıktı"* (Bkz. Yuhanna 13:21-30).

İsa "Yapacağını tez yap!" sözü ile Yahuda'yı planını uygulaması için serbest bırakır. Burada beni hayrete düşüren olay, Yahuda'nın ihanet planını Mesih'in bu sözü ile izin verdiğini duymadan başlatamamış olmasıdır. Tüm bu sahneyi göz önünde bulundurduğumuzda, kontrolün ihanet edende değil, ihanete uğrayanda olduğunu görürüz.

Tanrı'nın mükemmel bilgisini (ve özellikle öngörülerini) kavradığımızda, Tanrı için hiçbir şeyin sürpriz olmadığı güvencesine sahip oluruz. Cennetteki Krallığı'nda hiçbir şey için acil durum sinyali yoktur. Tanrı başlangıçta sadece sonradan neler olacağını bilmekle kalmaz, aynı zamanda bizzat hem Başlangıç hem de Son olandır (Bkz. Vahiy 21:6). Ve yüzde yüz kontrol her zaman O'nun elindedir.

Özellikle de, Tanrı kendisiyle birlikte sonsuza dek yaşayacak olanları bilir. *"Çünkü Tanrı önceden bildiği kişileri Oğlu'nun benzerliğine dönüştürmek üzere önceden belirledi. Öyle ki, Oğul birçok kardeş arasında ilk doğan olsun"* (Romalılar 8:29).

İsa kimseyi "Seni burada görmeyi ummuyordum!" diye karşılamayacaktır. Tam tersi: "Çocuğum, Ben de seni bekliyordum. Sen gelmeden düğün şölenine başlayamadık" diyecektir.

Bu mükemmel ziyafetteki her bir sandalyede, kendisine ayrılan kişinin adının özel olarak bulunacağına inanıyorum.

Kurtuluşa sahip olan her bir kişi Rab tarafından inanılmaz bir sabırsızlıkla bekleniyor olacak: *"Çünkü (Rab) kimsenin mahvolmasını istemiyor, herkesin tövbe etmesini istiyor"* (2. Petrus 3:9).

HER YERDE OLAN

"Tanrı her yerdedir" demek, Tanrı'nın aynı anda her yerde bulunduğu anlamına gelir. Yeremya 23:23-24'de Tanrı bunu bizzat doğrulamaktadır:

"'Ben yalnızca yakındaki Tanrı mıyım? Uzaktaki Tanrı da değil miyim?' diyor RAB. 'Kim gizli yerde saklanır da onu görmem? Yeri göğü doldurmuyor muyum?' diyor RAB."

Bu nasıl olabilir? Biz Tanrı'nın göklerdeki

tahtında, sağında İsa ile birlikte oturduğunu biliyoruz. Peki göğü ve yeri Kendi varlığı ile nasıl doldurabilir?

Mezmurlar 139:7-12'da Davut peygamber bu soruyu cevaplar. İlk olarak şu soruyu sorarak başlar:

*"Nereye gidebilirim senin **Ruhun'dan?** Nereye kaçabilirim **huzurundan?**"*

Burada, Tanrı'nın Kutsal Ruh aracılığı ile aynı zamanda her yerde bulunabildiği açıklanıyor. Daha sonra Davut peygamber bu konuda daha anlaşılır detaylar verir:

"Göklere çıksam oradasın. Ölüler diyarına yatak sersem, yine oradasın. Seherin kanatlarını alıp uçsam, denizin ötesine konsam, orada bile elin yol gösterir bana. Sağ elin tutar beni. Desem ki 'Karanlık beni kaplasın, çevremdeki aydınlık karanlığa dönsün.' Karanlık bile karanlık sayılmaz senin için. Gece, gündüz gibi ışıldar, karanlık aydınlık birdir senin için."

Nereye gidersek gidelim, Tanrı Kutsal Ruhu'yla (görünmez, algılanamaz ama kaçınılmaz şekilde) oradadır. İnanmayan biri için bu korkunç bir düşünce olabilir ama imanlı için rahatlatıcı ve güven veren bir düşüncedir. Kendimizi nerede bulursak bulalım, "Orada bile elin yol gösterir bana, sağ elin tutar beni."

Yeni Antlaşma'da İsa bize bizzat bu güvenceyi verir: *"Seni asla terk etmeyeceğim. Seni asla yüz üstü bırakmayacağım"* (İbraniler 13:5). Bazen O'nun varlığını algılayamayabiliriz, fakat O Kutsal Ruh'u aracılığı ile olduğumuz yerdedir. Çevremiz tamamıyla karanlık olabilir, ancak "Karanlık bile karanlık sayılmaz senin için, gece gündüz gibi ışıldar..."

Her birimiz, fiziksel duyularımızın kanıtına dayanmaksızın, Kutsal Ruh'a karşı içimizde bir duyarlılık geliştirmeye ihtiyaç duyarız. Duyularımız Kutsal Ruh'un varlığı hakkında suskun kaldığında, hatta O'nun varlığını reddettiğinde, ruhumuzun derinliklerindeki bir yerde Kutsal Ruh'un varlığı hakkında tereddütsüz farkındalığın olduğu bir bölge bulunmalıdır. O zaman, Kutsal Ruh'un neden "Tesellici" veya "Yardımcı" (Bkz. Yuhanna 14:26) olarak adlandırıldığını gerçekten anlayacağız.

Bu bölümü bitirmek için, Baba ve Oğul'a Kutsal Ruh'u bize gönderdiği için teşekkür etmekten daha uygun bir son bulamadım. Siz de bana katılır mısınız?

Bir sonraki bölümde Kutsal Ruh'un Kilise'deki hizmetine değineceğim.

BÖLÜM 3

ALÇAKGÖNÜLLÜ HİZMETKÂR - TÜKETEN ATEŞ

Kutsal Ruh kendini ayetler aracılığı ile vahyetmeyi tercih etmiştir. Peki bu ayetler bize Kutsal Ruh hakkında neler söylüyorlar?

Kutsal Ruh'un kendini açıklaması öncelikle kendi adıyla ilgilidir: O **Kutsal**'dır. Kutsal Ruh'tan olduğu ileri sürülen her mesajı, her tezahürü ve her hareketi değerlendirirken temel almamız gereken kriter budur: **Söz konusu durum Kutsal Ruh'un kutsallığı ile bağdaşıyor mu?**

"Pentekostal" Kiliselerden "Karizmatik"lere

Biri şöyle demişti: "Aşinalık küçümsemeyi artırır."[2] Ne yazık ki, bu gibi durum bazen Kutsal Ruh'la ilgili şeyler için de geçerlidir (özellikle

---

[2] Tanıdığımız kişilerin hatalarını biliriz ve bu durum bir mücadele esnasında onları daha çok küçümsememize neden olur.

Pentekostal hareketinin gelişiminde). 20. yüzyılın başlarında vaftiz ve Kutsal Ruh'un armağanları konusunun Kilise'yi etkilemeye başladığı ilk dönemde "Pentekostal" olarak etiketlenmek, ne rağbet gören ne de popüler bir durumdu. Bu etiket, arzulanacak bir damga değildi ve bir bedel gerektiriyordu.

İlk Pentekostallar'ın eğitim düzeyi düşüktü. Bu kişiler toplumun "yanlış tarafından geliyorlardı."[3] Söyledikleri veya yaptıkları bazı şeyler aptalcaydı. Kutsallık anlayışları genellikle kuralcıydı. Bunun için bir bedel ödediler ve deneyimleri onlara oldukça pahalıya patladı.

20. yüzyıl süresince bu durum, özellikle "Pentikostallar"ın yerine "Karizmatikler"in geçmesi ile daha saygıdeğer bir görünüme büründü. "Karizmatik" olmak daha fazla rağbet görüyordu. Aslında artık bu kelime sadece Hristiyanlar için kullanılmıyordu ve ilk kez medyada ahlaksız bir politikacı için bu kelime kullanıldığında çok şaşırdığımı hatırlıyorum.

Bu gelişmelerin olumlu ve olumsuz yönleri vardı. Olumlu yönlerinden biri, vaftizin ve Kutsal Ruh'un armağanlarının Mesih'in Bedeni'nin tamamı için ulaşılabilir olmasıydı. Olumsuz olan kısmı ise "kutsal" olarak adlandırılamayacak

---

[3] Toplumun dışladığı, daha varoş kesim.

hizmetler ve uygulama alanlarının oluşmasıydı. Birkaç örnek:

1. Tanrı'yla ilgili kutsal şeylerden ciddiyetsiz ve saygısızca bahsedildi.
2. Hizmetler açgözlülükle, doğrulanmamış iddialarla ve yerine getirilmemiş vaatlerle desteklendi.
3. Garip ve çirkin dışavurumlar Kutsal Ruh'a atfedildi.

Sonuç olarak açgözlülük ve bencillik insanın doğasına işlemiş olduğundan, bunların Hristiyanlığa ait olduğunu iddia eden hizmetlerde bulunması beni şaşırtmamıştır. Beni hayrete düşüren, Hristiyanlar'ın bu tür davranışların Kutsal Ruh'dan kaynaklandığını düşünmeleridir. Kutsal Ruh'a daha sağlıklı bir şekilde yeniden bakmamızın zamanı gelmiştir. Peki Kutsal Ruh nasıl biridir?

Alçakgönüllü, Arka-Plandaki Hizmetkâr

Hizmetkârlığın Tanrı'nın doğasının bir parçası olduğunu ilk fark ettiğimde, çok büyük bir şaşkınlık yaşadığımı hala hatırlıyorum. Bugün birçok kişi hizmet etmeyi kaçınılması gereken bir şey gibi görmektedir (önemsiz ve aşağılayıcı bir şeymiş gibi). Bu tavır günümüz kültürel yapısını zehirleyen çökertici bir etkiye sahiptir. Üstelik yanlıştır.

Hizmet etmek belli bir zamanda değil sonsuzlukta başladı; yeryüzünde değil gökyüzünde başladı. Oğul İsa ebediyen Baba Tanrı'nın sevinçli, itaatli ve istekli Hizmetkârıdır. Kutsal Ruh ise Baba'nın ve Oğul'un itaatkâr, sahne arkasındaki Hizmetkârıdır. O "ben kurbanım" diye şikayet etmez veya "haklarını" talep etmez. O kendisi için belirlenen tüm rolleri mükemmel şekilde yerine getirir. O, Hizmetkâr Tanrı'dır!

Bu durum, Yaratılış 24. bölümde İbrahim'in oğluna eş bulma hikayesinde çok güzel resmedilmiştir. Bu anlatımda dört güzel "simge" bulunur. Bu hikayede İbrahim'i Baba Tanrı, İshak'ı Tanrı'nın oğlu İsa ve Rebeka'yı İsa Mesih'in gelini yani Kilise olarak eşleştirebiliriz...

Ya İbrahim'in uşağı? Hikayede adı geçmese dahi, bu olayın ana karakteri uşaktır. Buradaki uşak Kutsal Ruh'la eşleştirilebilir. Bir Hizmetkâr olarak çok büyük bir görevi vardı: İshak'ın eşi olacak kızı bulmalıydı; onu donatmalı ve süslemeliydi; ve güvenli bir şekilde damada ulaştırana kadar ona eşlik etmeliydi.

Pentekost Günü'nde Kutsal Ruh'un dünyaya inmesinin amacı da buydu. Kutsal Ruh büyük bir görev için bu dünyaya geldi: Mesih'in gelinini (Kiliseyi) donatarak, süsleyerek, hazırlayarak, bu dünyada ona güvenli bir şekilde eşlik etmek ve temiz ve lekesiz bir şekilde İsa'ya sunmak. Kutsal Ruh'un temel karakter özelliklerinden biri dikkati Kendine çekmemesidir. Mesih, Kutsal Ruh hakkında şunları söylemiştir:

"...Bana tanıklık edecek" (Yuhanna 15:26). *"...Kendiliğinden konuşmayacak, yalnız duyduklarını söyleyecek ve gelecekte olacakları size bildirecek"* (Yuh. 6:13). *"...Benim olandan alıp size bildirecek"* (14. ayet).

Buna karşın, Kutsal Ruh'un Kutsal Kitap'ta vahyettiklerine baktığımızda, **Kutsal Ruh'a sunulan herhangi bir duaya rastlamıyoruz.** İsa Mesih tarafından öğrencilere öğretilen örnek dua *"Göklerdeki Babamız"* olarak başlar. İsa bu duaya kendi vaadini de ekledi: *"Baba Oğul'da yücelsin diye, benim adımla dilediğiniz her şeyi yapacağım"* (Yuh. 14:13).

Kutsal Kitap'taki tüm dualar Baba Tanrı'yadır. Kutsal Ruh'un buradaki hizmeti bizi alternatif yollara sokmak değil, dualarımız aracılığı ile bizi Baba Tanrı'ya ulaştırmaktır. Biz Ruh'ta dua etmeliyiz, Ruh'a değil (Bkz. Efesliler 6:18).

Ne yazık ki, son yıllarda Kilise'nin bazı kesimleri Kutsal Kitap'ın bu yaklaşımından ayrıldılar. Odak noktaları Baba'dan ve Oğul'dan çok Kutsal Ruh'a kaydı. Birçok ilahinin sözleri Kutsal Ruh'a atfedildi. Ruhsal toplantılarda, ana vurgu katılımcıların egolarına hitap eden öznel deneyimlere yapılmaya başlandı. Bu fark edilmesi zor ama önemli kayma, Tanrı'nın çocukları için fark etmeden düşebilecekleri büyük bir ruhsal tehlike oluşturur.

Başlıca iki önemli prensibi aklımızdan çıkarmamalıyız. İlk olarak, Kutsal Ruh asla insanların egosuna hitap etmez. İkinci olarak ise, Kutsal Ruh asla dikkati kendi üzerine çekmez. O her zaman dikkatimizi İsa Mesih'e yönlendirmeye çalışır.

Bu prensipleri göz ardı ettiğimizde sonuç hakiki kutsallıktan uzak dünyevi coşku ve duygusal tiryakilikler olabilir. Daha vahim olanı, bu şekilde cinlerin etkin olabileceği şeytani yollara kapı açılır.

Tüketen Ateş

Kutsal Ruh'un zaman içinde kendini gösterirken kullandığı bir yol da *"ateş"*tir. Aslında, Kutsal Kitap'ta Kutsal Ruh'un en son görünür olduğu yerde O'ndan şöyle bahsedilir: *"Tahtın önünde alev alev yanan yedi meşale. Bunlar Tanrı'nın yedi ruhudur"* (Vahiy 4:5).

İbraniler'in yazarı çok basit ama çok derin

30

bir cümle kurmaktadır: *"Tanrımız yakıp yok eden bir ateştir"* (12:29). Ayette Tanrı ateşe benzer demez, Tanrı ateştir der. Bu nedenle: *"Tanrı'yı hoşnut edecek biçimde saygı ve korkuyla tapınalım"* (12:28). Bu bir kölelik korkusu değildir *"RAB korkusu paktır, sonsuza dek sürer"* (Mezmur 19:9).

İbraniler'in yazarı burada Baba Tanrı veya Oğul Tanrı hakkında konuşmamaktadır, Kutsal Ruh Tanrı hakkında konuşmaktadır. O gerçekten ateştir (tüketen ateş).

İsrail'in tarihinde birçok durumda Kutsal Ruh insanların arasına ateş olarak inmiştir. Çöldeki Buluşma Çadırı'nda Harun tüm sunuyu sunduğunda ne olduğuna bakalım:

"Musa'yla Harun Buluşma Çadırı'na girdiler. Dışarı çıkınca halkı kutsadılar. O zaman RAB'bin yüceliği halka göründü. RAB bir ateş gönderdi. Ateş sunağın üzerindeki yakmalık sunuyu, yağları yakıp küle çevirdi. Bunu gören halkın tümü sevinçle haykırarak yüzüstü yere kapandı" (Levililer 9: 23-24).

Aynı şekilde, Süleyman tapınağı adarken duasını bitirdiğinde:

"Gökten ateş yağdı; yakmalık sunularla kurbanları yiyip bitirdi. RAB'bin görkemi tapı-

nağı doldurdu. RAB'bin Tapınağı O'nun görke-miyle dolunca kâhinler tapınağa giremediler" (2. Tarihler 7:1-2).

Daha sonra Rab, Karmel Dağı'nda İlyas'ın duasını yanıtlarken:

"O an gökten RAB'bin ateşi düştü. Düşen ateş yakmalık sunuyu, odunları, taşları ve top-rağı yakıp hendekteki suyu kuruttu. Halk olanla-rı görünce yüzüstü yere kapandı. 'RAB Tanrı'dır, RAB Tanrı'dır' dediler" (1. Krallar 18:38-39).

Gökten her ateş indiğinde, insanlar sadece ruhsal belirtilerden etkilenmekle kalmamış, tüke-ten bir ateş olarak aralarına inmiş olan Tanrı'nın (Kutsal Ruh Tanrı) varlığına yüzüstü yere kapa-rak karşılık vermişlerdir. O'nun önünde hiç kim-se fiziksel olarak ayakta duramadı.

Arındırmak Veya Yok Etmek?

Ancak ateşin iki zıt yönü vardır. Ateş yararlı olabilir ama tehlikeli de olabilir. Ateş arındıra-bilir ama yok da edebilir.

Kutsal Ruh'un ateşi de böyledir. Kutsal Ruh itaatkârlara Tanrı'nın bereketlerini ve lütfunu saçar, fakat inatçı ve küstah olanların üzerine Tanrı'nın yargısını ve gazabını döker.

Harun'un sunusunun üzerine düşen ateşten hemen sonra hikaye şu şekilde devam etmektedir:

"Harun'un oğulları Nadav'la Avuhi buhurdanlarını alıp içlerine ateş, ateşin üstüne de buhur koydular. RAB'bin buyruklarına aykırı bir ateş sundular. RAB bir ateş gönderdi. Ateş onları yakıp yok etti. RAB'bin huzurunda öldüler" (Levililer 10:1-2).

Ne kadar önemli bir ders! İtaat ile sunu sunan Harun'un sunağına bereket olarak düşen ateş, Rab'bin önüne kutsallıktan yoksun bir şekilde çıkan Harun'un oğulları üzerine ölüm getirerek düşmekte.

Tanrı kendisine nasıl yaklaşmamız gerektiğini zaten belirlemiştir: *"Saygı ve korkuyla tapınalım"* (İbraniler 12:28). *"...Hepimiz (Yahudi veya Grek) **aynı Ruh'ta** (Kutsal Ruh) Baba'nın huzuruna çıkalım"* (Efesliler 2:18).

"Tanrı'ya aykırı olan ateş"i sunmak, Tanrı'ya Kutsal Ruh'la değil, küstahlık ve bencillikle yaklaşmaktır. Bu nedenle Kutsal Ruh'un hangi şekilde göründüğünü fark etmek ve Kutsal Ruh'u diğer sahte ruhlardan ayırt etmek bir ölüm kalım meselesidir.

Tüm İsrailliler içinde, Harun'un oğulları Navad ve Avuhi kendi yollarına göre Tanrı'nın mevcudiyetine özel olarak girme ayrıcalığına sahip olduklarını hissetmiş olabilirler. Başkâhin olan Harun'un oğlu olarak Navad'ın kâhin olma şansı büyüktü ve babasının yerine geçebilirdi. Fakat Tanrı'nın Sözü'ne itaat etmenin yerine geçebilecek ne bir mezhepsel durum, ne de çarpıcı bir mucize yoktur. Hiçbir topluluğun itirazı bunu değiştiremez. Tanrı'nın koşullarını göz ardı eden biri için Tanrı özel bir ayrıcalık sunmaz ve bu kişi yaptıklarının sonuçlarına katlanır.

Kutsal Ruh'un, kutsamasını sadece Tanrı'nın koşullarını yerine getiren kişilere gösterdiğini, kibirleri yüzünden Navad ve Avuhi'nin üzerine inen Tanrı'nın gazabı bize gösterir. Bugün Tanrı'nın en temel isteği, Rab İsa Mesih'i yüceltmemiz ve övmemizdir. İkinci olarak ise, bizzat Kutsal Ruh'un Kutsal Kitap aracılığıyla bize ilettiği buyruklarına dikkatlice uymamızdır.

BÖLÜM 4

GERÇEĞİN RUHU

"Ben de Baba'dan dileyeceğim. O sonsuza dek sizinle birlikte olsun diye size başka bir Yardımcı, Gerçeğin Ruhu'nu verecek. Dünya O'nu kabul edemez. Çünkü O'nu ne görür, ne de tanır. Siz O'nu tanıyorsunuz. Çünkü O aranızda yaşıyor ve içinizde olacaktır" (Yuhanna 14:16-17).

İsa Mesih havarilerine, Baba'dan onlar için ilahi bir Yardımcı isteyeceğine söz verdiğinde, bu Yardımcı'ya bir isim vermektedir: "Gerçeğin Ruhu." Bununla beraber, dünyanın bu Yardımcı'yı kabul edemeyeceği konusunda onları uyarmaktadır.

Kutsal Kitap'ta bu uyarının iki nedeni vardır: Birincisi, Tanrı'ya isyan edip O'ndan yüz çevirdiği andan itibaren, insan günahkâr tohumlarını açığa çıkaran gerçeği kabul etmeyi istemez. *"Haksızlıkla gerçeğe engel olan insanlar..."* (Romalılar 1:18).

İkincisi, Tanrı'ya isyan, insanlığı bu çağın

tanrısının egemenliğine açık hale getirdi: *"Bütün dünyayı saptıran o eski yılan-şeytan"* (Vahiy 12: 9). Aldatma, Şeytan'ın insanları kontrol etmek için güvendiği en öncelikli silahıdır. Şeytan'ın aldatma yeteneğini sergilediğinde size sunabileceği tek şey, sonsuz ateş gölünde bir mekandır!

Çağlar boyunca, filozoflar "gerçek" için tatmin edici bir tanım sunamamışlardır. Buna karşın, Kutsal Kitap bize üç aşamalı bir tanım sunar: İlk olarak, İsa *"Gerçek Ben'im"* (Yuh. 14:6) dedi. İkincisi, Baba Tanrı'ya dua ederken *"Senin Sözün gerçektir" dedi* (Yuh. 17:17). Üçüncü olarak ise, Yuhanna bize: *"(Kutsal) Ruh gerçektir"* der (Yuh. 5:6).

Bu nedenle, ruhsal dünyada gerçeğin üç koordinatı vardır: İsa, Kutsal Kitap ve Kutsal Ruh. Bu üçü aynı fikirde olduğunda kesin gerçeğe ulaştığımızı biliriz. Fakat gerçeğe ulaştığımıza kanaat getirmeden önce üç koordinatı da kontrol etmeliyiz. Her türlü ruhsal konuda sormamız gereken üç soru şunlardır:

İsa doğru kimlikte mi yansıtılıyor?
Söylenen ile Kutsal Kitap uyum içinde mi?
Kutsal Ruh tanıklık ediyor mu?

Kilise, tarih boyunca gerçeğin bu üç koordinatının sağlamasını daimi olarak yapsaydı, birçok yanlış ve aldanmalardan kendini koruyabilirdi. Bir öğretmenin mükemmel bir ahlak emsali olarak, İsa'yı cezbedici bir şekilde çizmesi, bir kilise önderinin cemaatini Kutsal Kitap'tan ayetlere boğması veya bir müjdecinin seyircilerine doğaüstü olaylar sergilemesi yeterli değildir. Gerçek olarak önümüze konanı kabul etmeden önce, üç koordinatın da orada bulunması gerekir: İsa, Kutsal Kitap ve Kutsal Ruh.

Gerçeğin bu üç aşamalı sergilenmesinde Kutsal Ruh'un belirleyici işlevi **tanıklık etmek**tir: *"Buna tanıklık eden Ruh'tur"* (1. Yuh. 5:6).

Kutsal Ruh, günahlarımızın bağışlanması için her şeyi karşılayan sunu olarak çarmıhta kanını döken İsa'nın, Tanrı'nın Oğlu olduğuna tanıklık eder. Charles Wesley'nin dediği gibi:

"Ruh kanı cevaplar, ve bana Tanrı'dan doğduğumu söyler."

Kutsal Ruh aynı zamanda, Pavlus'un Selanikliler'e yazdığı gibi Kutsal Kitap'ın gerçekliğine ve yetkisine de tanıklık eder: *"Çünkü yaydığımız müjde size yalnız sözde değil, kudretle, Kutsal Ruh'la ve büyük güvenle ulaştı"* (1. Selanikliler 1:5).

Hananya ve Safira

Gerçeğin Ruh'u olan Kutsal Ruh'la, 'yalancı ve yalanın babası' olan Şeytan arasında asla bir uzlaşma olamaz (Bkz. Yuh. 8:44).

Bu durum kilisenin ilk döneminde, Hananya ve Safira'nın kiliseye bağışlayacakları para hakkında yalan söylemeleri ile çok belirgin bir şekilde gözlerimizin önüne serilir. Onlar sattıkları mülkten aldıkları tüm parayı getirdiklerini iddia ettiler, fakat gerçekte bir kısmını kendileri için saklamışlardı.

Buna karşın Petrus'un içindeki Ruh bu söylenene kanmadı. O Hananya'yı sadece insana değil ayrıca Kutsal Ruh'a, Gerçeğin Ruhu'na da yalan söylediği için suçladı:

"Petrus ona, 'Hananya, nasıl oldu da Şeytan'a uydun, Kutsal Ruh'a yalan söyleyip tarlanın parasının bir kısmını kendine sakladın?' dedi. 'Tarla satılmadan önce sana ait değil miydi? Sen onu sattıktan sonra da parayı dilediğin gibi kullanamaz mıydın? Neden yüreğinde böyle bir düzen kurdun? Sen insanlara değil Tanrı'ya yalan söylemiş oldun.' Hananya bu sözleri işitince yere yıkılıp can verdi. Olanları duyan herkesi büyük bir korku sardı" (Elçilerin İşleri 5:3-5).

Üç saat sonra Hananya'nın eşi olayları bilmeden kocası gibi aynı yalanları söyledi ve o da aynı şekilde öldü.

Doğru bir tanımla, Hananya ve Safira'nın

işlediği günah ikiyüzlülüktü. İmanlıymış gibi davrandılar. Kendilerini olduklarından çok daha cömert ve Rab'be adanmış olarak göstermeye çalıştılar. İsa bu günah hakkında en ağır yargı sözlerini zamanın dini önderlerine saklamıştır. Matta 23. bölümde 7 defa şöyle dediğini görürüz: *"Vay halinize... ikiyüzlüler."*

İkiyüzlülük Nedir?

Grekçede ikiyüzlülük kelimesi "aktör, oyuncu" kelimesinden türemiştir. Sanırım imanlılar arasında ikiyüzlülük kadar çok işlenen bir başka günah yoktur. İmanlı gibi davranmaya çalışırız. Bazı dini şekilcilikler de insanları adeta buna teşvik eder.

İnsanlar kilise binalarına girdiklerinde hal ve tavırlarında değişimler olur. Artık doğal, özgür ve dürüst değillerdir. Sanki görünmeyen bir "kramp"a yakalanmışlardır. Dini bir maske giymek zorunda hissederler. Değişik dini oluşumlar farklı maskeler talep edebilir, fakat çok azı insanları oldukları gibi kabul eder.

Dini önder vaazında bazı günahları kınadığında bazıları sadece görev icabı "Amin!" derler. Ama kilise dışında bu günahları işlerken vicdanları hiç rahatsız olmaz. Yüksek sesle dua ederken çok özel bir ses tonu ve çoğunlukla özenle seçilmiş kelimeler kullanırlar. Dünyasal bir baba, çocuğu onunla bu kadar suni bir şekilde konuştuğunda veya sadece onu etkilemek için doğası dışında davranışlar sergilediğinde ne hisseder diye düşünmezler bile.

Kutsal Kitap'ta anlatılan Tanrı'nın ikiyüzlülüğe zamanı yoktur. Eyüp'ün hikâyesinde bu açıkça görülür. Eyüp'ün üç arkadaşı da Eyüp'e tüm dini klişeleri bir sağanak gibi yağdırdılar. "Tanrı her zaman doğruları bereketler, onlar hiçbir zaman haksızlığa uğramazlar", "Tanrı her zaman kötüleri yargılar, onlar hiçbir zaman refaha eremez" gibi bir sürü klişe sözler söylediler. Fakat, tarih bu sözlerin doğru olmadığını gösterir. Bunlar sadece dindar konuşmalardır!

Buna karşın Eyüp gayet açık sözlüdür. O "Tanrı bana adil davranmıyor. Bunları hak edecek hiçbir şey yapmadım. Ama Tanrı beni öldürse bile, O'na iman edeceğim" dedi.

Eyüp 42:7'de Tanrı Eyüp ve arkadaşları hakkındaki düşüncelerini bildirir. *"RAB Eyüp'le konuştuktan sonra, Temanlı Elifaz'a, 'Sana ve iki dostuna karşı öfkem alevlendi' dedi. 'Çünkü kulum Eyüp gibi hakkımda doğruyu konuşmadınız.'"*

Kendimize şu soruyu sormalıyız: Bu dinsel davranış ile Hananya ve Safira'nın hayatlarına mal olan günah arasında nasıl bir fark vardır?

Gerçek Zamanı

Kral Davut kariyerinin zirvesindeyken iki büyük günah işlemiştir. Birincisi, Davut Uriya'nın eşi Bat-Şeba ile zina yapmıştır. Bu olaydan sonrada günahını örtmek amacı ile Uriya'nın ölmesini sağlamıştır.

Görünüşe göre, Kral Davut'un hayatında bir değişim olmadı. Aynı şekilde dua etmeye devam etti... Krallık görevini aynı şekilde sürdürürdü. Krallık sarayında yaşamaya devam etti. Tanrı'nın ulağı peygamber Natan, Davut'u günahlarıyla yüzleştirene dek dışsal bir değişim gözlenmedi. O anda Davut'un yargısı askıya alındı. Tanrı'nın lütfu ile Davut doğru yanıtı verdi. Davut günahı için herhangi bir bahane uydurmadı ve üzerini kapatmaya çalışmadı. Davut "Rab'be karşı günah işledim" dedi (Bkz. 2. Samuel 12:1-15).

Daha sonra 51. Mezmur'da Davut'un günahını itiraf edip, tövbe ettiğini ve merhamet dilediğini görüyoruz. 5. ve 6. ayetler hayati bir gerçeğin bir anda ortaya çıkışını ifade ediyor.

5. ayet: *"Nitekim suç içinde doğdum ben, günah içinde annem bana hamile kaldı."* Davut sadece Gerçeğin Ruhu'nun otaya çıkarabileceği bir gerçek ile yüz yüze geliyor: Sadece işlediği günahları değil, Adem'den bu yana tüm insan-

lara nesilden nesle geçmiş günah mirasının berbat şeytani gücünü de itiraf ediyor.

Tanrı 6. ayette kalıcı olan günahın gücünden kurtuluşumuz için elzem olanı bize açıklıyor: *"Madem sen gönülde sadakat istiyorsun…"* Davut işlediği günahtan sonra da, kral rolüne uygun dışsal tavırlarını sürdürmeye devam etti. Ancak, artık dışsal tavırları ile yüreğindeki içsel durum arasında büyük bir boşluk oluştu. Dışarıdan bakıldığında yüreğindeki durumu karşılamayan ikiyüzlü bir aktör durumuna düşmüştü. Bu durumun tek bir çözümü vardı: Dürüst bir itiraf ve tüm kalbiyle tövbe etmek.

Paskalyadan Önceki Pazar'dan Kutsal Cuma'ya

Tüm Kutsal Kitap'ta hakim olan bir gerçek vardır: **Tanrı asla günah ile uzlaşamaz.** Bu durum İsa'nın özellikle iki gününde, Paskalya'dan önceki Pazar gününde ve Kutsal Cuma'da çok canlı bir şekilde resmedilir.

Paskalya'dan önceki Pazar günü İsa Yeruşalim'de bir kahraman gibi karşılandı. *"Kalabalıklar, 'Bu, Celile'nin Nasıra Kenti'nden Peygamber İsa'dır' diyordu"* (Matta 21:11). Tüm şehir O'nu karşılıyordu. O gün acılıkla dolu tüm düşmanlarını ve dini önderleri kolayca saf dışı bırakıp Kendini Kral ilan edebilirdi. İnsanların beklediği şey de buydu.

Ama O başka bir yol seçti. Bu olaydan sadece beş gün sonra, terkedilmiş ve çıplak bir şekilde acımasızca çarmıha gerildi. Neden? Çünkü Tanrı asla günah ile uzlaşamaz ve bu günahı alt etmenin tek yolu İsa'nın çarmıh üzerinde kurban olmasıydı.

Bugün birçok Hristiyan "uyanış" hakkında konuşur ve dua eder. Ama uyanışın önünde kaçınılmaz bir engel olduğunu genellikle görmezden gelirler. Bu engel **günah**tır. Günahın üstesinden gelmediğimiz sürece gerçek uyanış asla olmayacaktır. Günah ile başetmenin sadece bir yolu vardır: *"Günahlarını gizleyen başarılı olamaz. İtiraf edip bırakansa merhamet bulur!"* (Süleyman'ın Özdeyişleri 28:13).

Dürüst olmak gerekirse günümüz kilisesinin en büyük sorunu "üstü örtülmüş günahlardır." Hristiyanlar'ın gizlemeye çalıştığı günahların başlıcaları şunlardır:

1. Fiziksel, psikolojik veya duygusal çocuk istismarı.

2. Bozulan evlilik yeminleri.

3. Paranın etik olmayan yerlerde kullanılması.

4. Pornografi bağımlılığı (kilise önderleri

arasında bunun ne kadar yaygın olduğunu fark ettiğimde çok şaşırmıştım).

5. Oburluk ve iştahımızı bastıramama.

Tanrı'nın kurtarışı iki adımda gerçekleşir: Önce **itiraf**; sonra **vazgeçmek**. Günahımızı itiraf etmek çoğu kez kolay olmaz. Ama başka çözüm yolu yoktur. *"Günahlarımızı itiraf edersek, güvenilir ve adil olan Tanrı günahlarımızı bağışlayıp bizi her kötülükten arındıracaktır"* (1. Yuh. 1:9). Tanrı itiraf etmek istemediğimiz hiçbir günahı affetmeye kalkışmaz.

Ancak, sadece itiraf etmek yeterli değildir, bunun yanında "vazgeçmek" de gerekir. İtiraf ettiğimiz günahı sürdürmeme konusunda ciddi bir kararlılığa sahip olmalıyız. Daniel'in Kral Nebukadnessar'a olan kısa öğüdüne bakalım: *"Doğru olanı yaparak günahından... vazgeç"* (Daniel 4:27). Günahın ve doğruluğun arasında bir yol yoktur. *"Her kötülük günahtır"* (1. Yuh. 5:17). Doğru olmayan her şey günahtır.

Zor bir kararla karşı karşıya mısınız?

Eğer bu açıklamalar hayatınızda doğru olarak kabul ettiğiniz şeyleri sorgulamanıza neden olduysa veya size bir itaatsizliğinizi hatırlattıysa bunu Gerçeğin Ruhu'na açın! O hazırdır ve yardımınıza gelmeye isteklidir.

BÖLÜM 5

KUTSAL RUH'UN ARMAĞANLARI

İbrahim hizmetkârını Kenan'dan Padan Aram'a İshak'a eş bulması için yolladığında, Hizmetkârı on deve yükü ile oraya gitti. Orta Doğu'da bir deveye ne kadar çok şey yükleyebildiklerini kendi gözlerimle gördüm. İnanamazsınız!

Yüklenmiş on deve, İbrahim'in onurunun ve zenginliğinin görünür bir kanıtıydı. Yüklerin arasında değerli mücevherler de vardı. İbrahim'in hizmetkârının İshak'a eş olacak genç bayanı bulduktan sonra yaptığı ilk şey, onun burnuna göz alıcı bir mücevher takmak oldu.

Rebeka bu armağanı kabul ederek İshak'ın eşi olmayı kabul ettiğini gösterdi. Eğer bu armağanı reddetseydi İshak'ı reddetmiş ve onun onurunu kırmış olacaktı. Asla İshak'ın gelini olamayacaktı.

Bugün de aynı şekilde Tanrı, oğlu İsa'ya eş olacaklara (Kiliseye) Kutsal Ruh'unu cömertçe yollamaktadır. Bunun içinde dokuz adet çok güzel ruhsal armağan bulunur. Kilise, bu armağanları kabul ederek Mesih'in Gelini olacağını beyan eder.

Dokuz Doğaüstü Armağan

Bu dokuz armağan 1. Korintliler 12:8-10'da listelenmiştir. Bu listeyi daha açık bir şekilde yazmak istiyorum:

1. Bilgelik sözü;
2. Bilgi sözü;
3. İman;
4. Şifa armağanları;
5. Mucizeler işleme (mucize işleyecek güç);
6. Peygamberlik etme;
7. Ruhları ayırt etme;
8. Diller armağanı;
9. Bu dilleri tercüme etme.

Tüm bu armağanlar "dışa vurumlar"dır. Kutsal Ruh görünmezdir, ama bu armağanlar aracılığı ile kendini gösterir. Görebileceğimiz, duyabileceğimiz veya hissedebileceğimiz şekilde duyularımızı etkiler.

Tüm bu armağanlar "herkesin yararı için"-dir. Bu armağanlar aracılığı ile Hristiyanlar birbirlerine hizmet edebilirler. Hepsi bir amaç için verilmiştir. Oyuncak değil araçtırlar.

Tüm bu armağanlar doğaüstüdür. Doğal yeteneğin veya özel bir eğitimin ürünü değildirler. Okuma yazma bilmeyen cahil bir insan, bilgelik sözü veya bilgi sözü armağanını alabilir. Benzer şekilde "iman" armağanı, kurtuluşumuz için hepimizin ihtiyacı olan imanın ötesine geçer. Doğal olgunlaşmanın sonucu olarak oluşan imanın meyvesinden de farklıdır. Bu armağan, doğal yeteneğimizin ötesine geçen ve doğaüstü sonuçlar doğuran doğaüstü bir imandır.

Bu armağanların havariler dönemiyle sınırlı olduğu ve günümüzde artık olmadığı sıkça iddia edilir. Ancak, Pavlus Korint'teki Hristiyanlar için Tanrı'ya şükrederken onlara şöyle dedi:

"Rabbimiz İsa Mesih'in görünmesini beklerken hiçbir ruhsal armağandan yoksun değilsiniz" (1. Korintliler 1:6).

Bu nedenle, Mesih'in dönüşüne dek Hristiyanlar'ın ruhsal armağanları kullanmaya devam etmesi beklenmelidir.

Pavlus'un sıraladığı armağanlardan ikisi (bilgelik sözü ve bilgi sözü armağanı) kullanma açısından birbiri ile bağlantılıdır. Bilgi sözü bize durum hakkındaki gerçekleri gösterir. Bilgelik sözü ise Tanrı'nın bu durum ile nasıl baş etmemizi istediğini bize gösterir.

Bazı armağanlardan çoğul olarak anılır: Örneğin, şifa armağanları; mucizeler yapma; ruh-

47

ları ayırt etme; diller armağanı. Bu, her bir şifanın, her bir mucizenin, her bir ruhu ayırt etmenin ve her bir dille konuşmanın bir armağan olduğunu belirtir. Eğer belli bir armağan kendisini düzenli olarak belli bir kişiyle belli ediyorsa, o kişinin o armağana sahip olduğunu söyleyebiliriz.

Armağanlar Kazanılamaz

Tüm bu armağanların Tanrı'nın lütfu olduğunu ve imanla alındığını vurgulamamız gerekir. Onları asla kazanamayız. Armağanları kullanabilecek kadar "yeterince iyi" asla olamayız.

1941 yılında İngiliz ordusunda askerlik yaparken, koğuşta bir gece yarısı İsa Mesih ile hayatımı tamamıyla değiştiren, çok güçlü bir karşılaşma yaşadım. Bu olaydan bir hafta sonra aynı koğuşta ilk kez bilinmeyen bir dille konuşmaya başladım. Sonra beklenmedik şekilde bu konuşmamın tercümesini gayet edebi bir dille yaptım. Bu olay bugüne kadar (55 yılı aşkın) adım adım tamamlanan Tanrı'nın benim hayatım ve hizmetim için olan planının taslağını oluşturur.

Neyse ki, kurtuluşa sahip olmak için kiliseye gitmem gerektiğini veya dillerle konuştuktan sonra tercüme armağanını almak için altı ay beklemem gerektiğini bilecek kadar "ruhsal" değildim.

1957'den 1961 yılına kadar Kenya'daki Afrikalı öğretmenler için eğitim veren "Teacher Training College"de müdür olarak hizmet ettim. Bu dönemde Kutsal Ruh'un mükemmel ziyaretlerini yaşadık. Öğrencilerim ile olan buluşmalarımda birçok kez bu dokuz armağanın aramızda işlediğini gördüm. İki öğrencimin farklı zamanlarda ölümden dirildiğini de gördüm. İkisi de ruhları bedenlerinden ayrıldığında yaşadıkları deneyimler hakkında tanıklık ettiler.

Daha sonra Amerika'da sakat insanlara hizmet etmek için beklenmedik bir "armağan" aldım. Bu sakat insanları bir sandalyeye oturtup bacaklarını ellerime aldığımda, gözlerimin önünde kısa olan bacakları uzuyor ve bu insanlar iyileşiyordu. Fakat bazı kişiler saygın bir Kutsal Kitap öğretmenine bu tür bir hizmetin çok yakışmadığını belirtiyorlardı. Bu yorumları duyunca RAB'bin fikrini almak istedim ve bana şu cevabı verdiğini hissettim: "Sana bir armağan verdim. Şimdi yapabileceğin iki şey var. Bu armağanı kullanabilir ve daha çoğuna sahip olabilirsin. Veya kullanmayıp bu armağanı kaybedebilirsin." Tanrı'nın bana verdiği bu armağanı kullanmaya karar verdim ve gerçekten de bu armağanım daha da gelişti.

Bu keresinde bir bacağın 5 cm kadar uzadığını gördüm. Ayrıca RAB'bin doğaüstü gücünün açığa çıkması ile bu hizmet başka mucizeleri de tetikledi. Bir yerde özel bir dua istenmediği halde, bir kişi üç değişik ağır hastalıktan ve nikotin bağımlılığından kurtuldu.

Teki 4 cm yükseltilmiş ayakkabı giyen bir bayanın elinde bir poşet ile geldiğini hatırlıyorum. Onun ayaklarını elime aldığımda, o kısa bacağı 4 cm uzadı. Sonra elindeki poşetten topukları aynı olan normal bir çift ayakkabı çıkardı. Ayakkabılar ayağına mükemmel bir şekilde uydu.

Armağanımın Kutsal Kitap'taki adı "mucizeler yapma (güce sahip olma)" idi.

RAB aynı zamanda bu armağanımın farklı bir yönünü keşfetmemi sağladı ve armağanıma cinleri kovma hizmetini de ekledi. Bu hizmette gürültülü ve düzensiz dışa vurumlar yaşandığı için yine karşı çıkanlar oldu. İsa Mesih'in hizmetinde de benzer olayların yaşandığını Kutsal Kitap'tan bildiğimden, devam etmeye karar verdim. Yıllar içinde binlerce kişinin cinlerin gücünden kurtulduğunu gördüm.

Ruh'un armağanlarının bizde kesintisiz etkin olmasını istiyorsak, bazen "kilisede" nasıl davranmamız gerektiğiyle ilgili geleneksel fikirlerden kendimizi özgür kılmalıyız.

Ruhsal armağanları kullanabilmek için başka bir anahtar ise, Kutsal Ruh'a olan duyarlılığımızı geliştirmek ve O'na istediğinde rahatça dolaşabileceği bir yer hazırlamaktır. Eşim Ruth'la birlikte Hristiyan bir çift ile yemek yerken, bayan genetik bir rahatsızlığı olduğunu ve bu durum yüzünden bazı aminoasitlerden yararlanamadığını söyledi. Beyni hızla kötüye gidiyordu.

Kocası başka bir görüşme için yanımızdan ayrıldı ve biz eşine evlerine kadar yürüyerek eşlik ettik. Park alanında vedalaşmak için bir an durduk. Kutsal Ruh tarafından uyarılan Ruth "İzin ver senin için dua edeyim" dedi. Sonra ayrıldık.

Üç hafta sonra kocası bizi aradı ve eşinin tamamıyla iyileştiği müjdesini verdi. Bu durum daha önce bu teşhisi koyan hastane tarafından da onaylandı.

Tanrı'nın, vereceği şifa için belirlediği bir yer ve bir zaman vardı. Ve Ruth Kutsal Ruh'a duyarsız kalmadığı için bu kadın şifa aldı ve Tanrı yüceltildi.

Ruhsal Armağanların Sınırları

Ruhsal armağanların kendini gösterdiği yolları hatırladıkça içimde çok tanıdık bir heyecan hissederim. Bununla birlikte, ruhsal armağanlardan beklentilerimiz konusunda bazı kesin sınırların olduğunu anlamamız gerekir.

Öncelikle, ruhsal armağanlar şu anki hayatımız ile sınırlıdır. Peygamberlik armağanı, diller ve bilgi sözü armağanları hakkında Pavlus söyler der: *"Ama peygamberlikler ortadan kalkacak, diller sona erecek, bilgi ortadan kalkacaktır. Çünkü bilgimiz de peygamberliğimiz de sınırlıdır"* (1. Korintliler 13:8-9).

Hala "sınırlı" bir çağda yaşıyoruz. Ama zamandan sonsuzluğa geçip dirilmiş bedenlerimizi giyindiğimizde, diller armağanı, peygamberlik veya bilgi sözü gibi armağanlar vasıtasıyla gelen bölük pörçük kutsamalara artık ihtiyacımız olmayacak. Aynı şey şifa ve mucize yapma armağanı için de geçerlidir. Dirilmiş olan bedenlerimizin bunlara asla ihtiyacı olmayacak!

İnsanların ruhsal armağanlarla gereğinden fazla meşgul olmaları, genellikle sonsuzluktan çok bugün ile alakalı işlerle ilgilendiklerini gösterir. Bu tip insanlar Pavlus'un öğüdüne kulak vermelidir: *"Eğer yalnız bu yaşam için Mesih'e umut bağlamışsak, herkesten çok acınacak durumdayız"* (1. Korintliler 15:19).

Ruhsal armağanların, onları kullanan kişinin karakteri ile ilgili olmadığını bilmek çok önemlidir. Basit bir örnek vermeme izin verin. Tembel, burnu havada ve kibirli bir kişinin çalışmadan milyon dolarlar kazandığını düşünün. Karakterinde bir değişim olmayacaktır. Yine tembel, burnu havada ve kibirli olacaktır. Hatta, bankadaki hesabında milyon dolarları olduğundan, daha da kibirli hale dönüşebilir!

Aynı durum peygamberlik, şifa veya mucizeler işleme gibi çarpıcı bir ruhsal armağan alan bir kişi için de geçerlidir. Daha önce dengesiz ve zayıf biri ise, bu armağanı aldıktan sonra da öyle olacaktır. Ama bu yeni armağanı ona, insanları daha derinden etkileme ve RAB'bin istediği doğrulukta ve RAB'bi memnun edecek şekilde insanlara bu armağan ile hizmet etme sorumluluğunu yükleyecektir.

Hizmetkârları kendi karakterlerinden çok armağanları ile değerlendirmek, karizmatik hareketin büyük bir sorunudur. Bazen etkileyici armağanlara sahip kişilerin, çok zayıf karakter özellikleri taşıyabileceğini uzun yıllar süren deneyimler göstermiştir. Hatta bu gibi insanlar bazen bu armağanlarını karakterlerinin zayıflığını örtmek için de kullanabilirler.

Bir İskandinav ülkesinde, Kutsal Ruh'un "son yağmur"u hakkında çok güçlü bir şekilde vaaz veren bir vaiz vardı. Vaazı dinleyen insanlar gerçekten Kutsal Ruh'un büyük damlalar halinde üzerlerine döküldüğünü hissederlerdi. Ama bu vaiz her vaazdan sonra çıkıp zina yapmaya giderdi. Bununla suçlandığında, suçlama kanıtlanana dek insanlar o vaazları veren birisinin böyle bir günahı işleyebileceğine kesinlikle inanamadılar.

Genç bir vaiz olarak, yaşlı ve çok güçlü mucizelerle dolu hizmeti olan bir vaize özenirdim. Bu vaiz aynı zamanda bir Hristiyan'ın hiç günah işlemeden nasıl yaşayabileceğini de güçlü bir şekilde öğretiyordu. Sonunda eşinden ayrıldı, sonra sekreteri ile evlendi ve bir alkolik olarak öldü. Başka ünlü ve çok iyi vaizler de benzer trajedileri yaşadılar.

İnsanlar bu gibi durumları değerlendirirken genellikle şöyle düşünürler: "Eğer kişi armağanını kötüye kullanırsa, RAB bunu ondan geri alır!"

Ancak bu düşünce yanlıştır! Ruh'un armağanları tam da adı gibi armağandır (gerçekten armağandır, şartlara bağlı olarak ödünç verilmemiştir). *"Tanrı'nın armağanları ve çağrısı geri alınamaz"* (Romalılar 11:29).

Bu armağanlardan birine sahip olduktan sonra bunu kullanmak, kötüye kullanmak ya da hiç kullanmamak konusunda özgürüz. Nasılsa sonunda, Tanrı yaptıklarımız veya yapmadıklarımız hakkında bize hesap soracaktır.

İsa'nın uyarısını her zaman aklımızda tutmalıyız: *"Sahte peygamberleri meyvelerinden tanıyacaksınız"* (Matta 7:20). Armağanlarından değil!

İsa bu sözlerinin ardından, ruhsal armağanların cennete girmek için bir garanti olmadığı konusunda bizleri uyarır:

"Bana, 'Ya RAB, ya RAB!' diye seslenen herkes Göklerin Egemenliği'ne girmeyecek. Ancak göklerdeki Babam'ın isteğini yerine getiren girecektir. O gün birçokları bana diyecek ki, 'Ya Rab, ya RAB! Biz senin adınla peygamberlik etmedik mi? Senin adınla cinler kovmadık mı? Senin adınla birçok mucize yapmadık mı?' O zaman ben de onlara açıkça, 'Sizi hiç tanımadım, uzak durun benden, ey kötülük yapanlar!' diyeceğim" (Matta 7:21-23).

Burada ruhsal armağanlara sahip bir kişinin de "kötülük yapan" olabileceğini görüyoruz. Peki "kötülük yapmak" nedir? Doğaüstü gücün armağanlarını kullanan kişilerin, Tanrı'nın ahlak ve doğruluk standartlarından muaf olduğunu savunan kibirli bir tavırdır.

Açıkçası, bu tür hizmetler bizi bazen zorlu kişisel kararlarla baş başa bırakabilir. Peki bu gibi durumlarda tepkimiz ne olmalıdır?

İlk olarak Pavlus'un Timoteos'a uyarısını aklımızda tutalım: *"... Başkalarının günahlarına ortak olma. Kendini temiz tut"* (1. Tim. 5:22).

Sonra, İsa'nın etik olmayan hizmetlerle ilgili uyarısını aklımızda tutmalıyız: "Cennet göklerdeki Babam'ın isteğini yerine getirenler içindir." Her birimiz kendimize şu soruları sormalıyız: Tanrı'nın hayatım için olan isteği nedir? Babam benden ne bekliyor?

Kendi adıma, Tanrı bana çok açık şekilde, çok basit bir cevap verdiğini hissediyorum: *"Kutsal olman Tanrı'nın isteğidir"* (1. Selanikliler 4:3). Kutsal Ruh buna bir uyarı daha ekliyor: *"Kutsallığa sahip olmadan kimse RAB'bi göremeyecek"* (İbraniler 12:14). Kendi hayatımda belirlediğim amaç şudur: "Bu kutsallığın peşinde olmak."

Bir sonraki bölümde, madalyonun diğer yüzüne bakacağım: Kutsal Ruh'un ürünü.

BÖLÜM 6

KUTSAL RUH'UN ÜRÜNÜ

Bir önceki bölüm Kutsal Ruh'un **armağanları** hakkındaydı. Bu bölümün odak noktası ise Kutsal Ruh'un **ürünü** olacaktır.

Armağanlar ve ürün arasında fark vardır. Bu biraz Noel ağacı ve elma ağacı arasındaki fark gibi resmedilebilir.

Noel ağacı hediyelerle bezenmiştir. Her bir armağan onun üzerine tek bir hareketle iliştirilmiştir ve tek bir hareket ile üzerinden alınabilir. Armağanı alan kişinin bir zaman veya çaba harcaması gerekmez.

Öte yandan bir elma ağacı yetiştirmek, hem zaman hem de büyük emek gerektirir. Ürünü yetiştirmek için yıllar gerektiren bir dizi aşamadan geçmek gerekir.

İlk olarak toprağa bir tohum ekilmelidir. Sonra bu tohum kök salmalı ve filiz vermelidir. Bu minicik filiz yıllar içinde bir ağaca dönüşür. Çiçekler açar ve dökülür ve sonra ürün gelişmeye başlar.

Fakat ağacın sağlam olması için ilk yıllarda ağaçta oluşan çiçek veya yeni meyve kopartılmalıdır. Böylece ağacın önce kökleri gelişir ve bu kökler ağacın gelecekteki ürününü daha verimli bir şekilde destekler. Elmanın yenebilecek kıvama gelmesi yıllar alır. (Musa'nın Yasası'ndaki gibi ağacın ürününden yemek için dört sene gerekmektedir (Bkz. Levililer 19:23-25).

Bir elma ağacı, yetişme aşamasında çok kırılgandır. Güçlü rüzgârlar genç ağacı kökünden sökebilir veya ileriki aşamalarda don onun çiçeklerini veya ürününü mahvedebilir.

Bu süreçte tohumlar ve meyveler birbirlerinin ayrılmaz bir parçasıdır. Meyve bir tohumdan yetişir ancak diğer taraftan başka tohumlar için de meyveye ihtiyaç vardır. Yaratılışın başlangıcında Tanrı'nın belirlediği gibi: *"Her meyve ağacı tohumu içinde saklı olan kendi meyvesini verecek"* (Yaratılış 1:12).

Bu, önemli bir ruhsal prensibi ortaya koyar: Kendi hayatlarında ruhsal ürün yetiştirmemiş olan Hristiyanlar'ın başkalarının hayatlarına ekecek tohumları yoktur.

Yeni Antlaşma'da ruhsal **armağan**lardan çoğul olarak bahsedilir. 1. Korintliler 12:8-10'da bu dokuz armağan listelenmiştir. Diğer taraftan ruhun **ürünü**nden tekil olarak bahsedilir. Ruh'un ürününün dokuz biçimi Galatyalılar 5:22 ve 23.

ayetleri arasında sıralanmıştır: sevgi, sevinç, esenlik, sabır, şefkat, iyilik, bağlılık, yumuşak huyluluk, özdenetim.

Sevgi (ürünün ilk hali) listenin başındadır. Takip eden ürünler, sevgi ürününün kendini değişik şekillerde göstermesi olarak anlaşılabilir.

Sevinç sevgiden kaynaklı bir sevinçtir.

Esenlik sevgide dinlenmektir.

Sabır sevgiden kaynaklanan bir hoşgörüdür.

Şefkat sevgiyle hizmet etmektir.

İyilik sevgi sayesinde karşımızdaki için en iyisini istemektir.

Bağlılık sevgi sayesinde sözünde durmaktır.

Yumuşak huyluluk başkalarına olan sevgimizden dolayı onların acılarına duyarlı olmaktır.

Özdenetim kontrollü sevgidir.

Ayrıca Ruh'un ürününü, İsa'nın kendi karakterini başkaları aracılığı ile farklı şekillerde dışa vurması olarak da tanımlayabiliriz. Ürünün her biçiminin oluşumunu tamamlaması, İsa'nın Kutsal Ruh aracılığı ile öğrencilerinde yeniden doğması gibidir.

Ruhsal Gelişimin Yedi Aşaması

2. Petrus 1:5-7'de Petrus, Hristiyan karakterini tamamıyla şekillendiren gelişimin yedi başarılı aşamasını sıralar:

"İşte bu nedenle her türlü gayreti göstererek imanınıza erdemi, erdeminize bilgiyi, bilginize özdenetimi, özdenetiminize dayanma gücünü, dayanma gücünüze Tanrı yoluna bağlılığı, bağlılığınıza kardeş severliği, kardeş severliğinize sevgiyi katın."

Petrus bu süreçten başarıyla geçmenin büyük **gayret** gerektirdiği konusunda bizi uyarır. Pavlus da aynı konuyu şu şekilde dile getirir: *"Emek veren çiftçi üründen ilk payı alan kişi olmalıdır"* (2. Tim. 2:6). Gayret etmeden ve çalışmadan iyi bir Hristiyan karakteri geliştiremeyiz.

Petrus bunu bir elma tohumunun olgunlaşmış bir elmaya dönüşümünü karşılaştırarak açıklamaya devam eder. Tohum kalplerimize ekilmiş Tanrı'nın Sözü' dür. Bu tohum zorunlu başlangıç noktası olan imanı oluşturur. Bunu diğer yedi başarılı aşama takip eder.

İlk aşama "erdem" veya "ahlaki mükemmellik" olarak çevrilebilir. Orijinal Grekçe kelime her konuda mükemmelliği (bir seramiği şekillendirirken, bir flüt çalarken veya bir gemiyi yönlendirirken) kapsar. Aynı şekilde, Yeni Antlaşma'da da bu kelimenin sadece ahlaki durumu belirtmediğine ve hayatımızın her alanını kapsadığına inanıyorum.

Mesih'i tanımış bir öğretmen **mükemmel** bir öğretmen olmalıdır. Bir hemşire **mükemmel** bir hemşire olmalıdır. Hristiyan bir iş adamı kendi alanında **çok iyi** olmalıdır. Hristiyan hayatının hiçbir alanında tembellik yoktur. Tanrı'nın, dünyevi hayatında başarısız olan birine ruhsal hayatta başarılı olması için çağrıda bulunması çok seyrek rastlanan bir durumdur. *"En küçük işte* (dünyasal işlerde) *güvenilir olan kişi, büyük işte* (ruhsal işlerde*) de güvenilir olur"* (Luka 16:10).

Ruhsal gelişimde ikinci aşama **bilgi**dir. Tabi ki bilginin farklı şekilleri vardır. Kutsal Kitap'ta övülen bilgi sadece teorik olan değil, ama uygulamaya dayalı bilgidir. İşe yarayan **bilgi** budur. Spekülatif felsefe geçmişine sahip biri olarak Mesih'e geldiğimde, Kutsal Kitap hakkında beni en çok etkileyen şey bu olmuştu. Son derece işlevsel bir Kitap'tı!

Kutsal Kitap'a dayalı örnek, İsa'nın kendi öğretisidir. Bu öğreti "ilahiyat" olarak sınıflandırabileceğimiz bir şekilde gelmedi. O asla karmaşık ve soyut teoriler sunmadı. Öğretileri anlaşılabilir ve işlevseldi: Tohum ekmek, balık yakalamak, hayvancılık gibi.

Bir Hristiyan için elzem olan bilgi, Kutsal Kitap'la bize ulaşan Tanrı'nın isteğini bilmektir. Bu da aynı şekilde işlevseldir. Kutsal Kitap hakkında düzenli ve sistematik bir çalışma gerektirir.

"Kutsal Yazılar'ın tümü Tanrı esinlemesidir ve öğretmek, azarlamak, yola getirmek, doğruluk konusunda eğitmek için yararlıdır. Bunlar sayesinde Tanrı adamı her iyi iş için donatılmış olarak yetkin olur" (2. Tim. 3:16-17).

Ciddi bir şekilde Hristiyan olduklarını iddia eden insanların kaç tanesinin Kutsal Kitap'ı baştan sona bir kez dahi okumadıklarını anladığımda çok şaşırırım. Bu gibi insanlar kendi ruhsal gelişimlerine engel koyarlar.

Bilgiden sonra öz disiplin diye de adlandırabileceğimiz **özdenetim** gelmektedir. Bu bir Hristiyan'ın kendini **öğrenci** olarak adlandırabileceği aşamadır. Yani sadece kilise üyesi değil, disiplin altındaki kişi olmaktır.

Bu gibi bir disiplin kişiliğimizin her alanında gerçek olmalıdır (duygularımızda, tavırlarımızda, zevklerimizde ve hayatımızda). Bu sadece davranışlarımızı değil, daha da önemlisi tepkilerimizi yönetmelidir.

Böyle bir özdenetim geliştirmediğimiz sürece bir üst aşama olan dayanma gücüne geçmemiz imkânsızdır. Çünkü dayanma gücümüzün gelişmesi için çeşitli denenmelerden geçmemiz gerekebilir ve bu karakterimizin zayıf, disiplin edilememiş alanlarının ortaya çıkmasına neden olur. Bu durum bazı Hristiyanlar'ın gelişimlerinin neden durduğunu açıklayan noktadır. Onlar asla özdenetim ve dayanma gücü aşamalarını tamamlayamazlar. Bu durumu elma ağacından hareketle anlatmaya çalışırsak; çiçekleri zorluk rüzgârları ile yok olur ve yeni oluşan ürünü reddedilme soğuğuyla donup ölür.

Son Üç Aşama

Gelişimin bu aşamalarında gerçek bir Hristiyanca karakterin güzelliği gözler önüne serilir. **Dindarlık**, kişinin Tanrı merkezli bir yaşam sürdüğünün işaretidir (Tanrı'nın varlığının aracı olan bir kişi). Böyle biri girdiği her ortama eşsiz ve güzel kokular saçar. Orada herhangi bir vaaz veya dini bir etkinlik yoksa dahi, çevresindeki kişiler garip bir şekilde sonsuzluğun farkına varırlar.

İngiliz bir müjdeci olan Smith Wigglesworth Tanrı'nın varlığının dini bir ortam dışında nasıl etkin olduğunu gösteren bir olay anlatmıştı.

Smith kişisel dua saatini bitirdikten sonra trene biner. Tek kelime sarf etmediği halde yanında oturan kişi (tamamen yabancı biri) birden şöyle der: "Sizin varlığınız beni günahkâr biri olduğuma ikna etti." Ve Smith bu adama Mesih'i anlatma fırsatı bulur.

Gelişimin son iki aşaması ise farklı sevgi türlerinin yansımasıdır. İlki, İsa Mesih'e iman edenlerin Rab'deki kardeşleri ve kız kardeşleriyle ilişkisini açıklayan **kardeş severlik**tir.

Ruhsal gelişimin yedi aşamasını ilk incelediğimde kardeş severliğin ilk başlarda değil de listenin sonlarına doğru olduğunu görmek beni çok şaşırttı. Ama daha sonra Kutsal Kitap'ın ne kadar gerçekçi olduğunu fark ettim. Kutsal Kitap birbirlerine duyarlılık ve dindarlıkla davranan Hristiyanlar'ı resmetmez. Şaşırabilirsiniz ama her tür kökenden Hristiyan'la yakın ilişkilerime dayanan yaklaşık elli yıllık deneyimimin sonucunda size bir şey söylememe izin verin: **Hristiyanlar için birbirlerini sevmek kolay değildir.**

İki bin yıllık kilise tarihi de bunu doğrular. Kendini "gerçek Kilise" diye adlandıran farklı Hristiyan grupların çekişme ve şiddetli tartışmaları hatta açık nefret söylemleri ile dolu bir çağı güç bela geçirdik.

Bir kişinin günahlarından tövbe edip Mesih'te kurtuluşa sahip olması, bu kişinin tüm karakterini değiştiği anlamına gelmez. Hayati önemi olan bir süreç başlar, ancak bu değişimin insanın kişiliğinin her alanında etkin olması, uzun yıllar gerektiren bir zamana yayılabilir.

Davut'un Golyat'ı öldürmek amacıyla sapanına uygun pürüzsüz taşlar bulmak için, vadinin tabanına (alçakgönüllülüğün alt rütbesine) indi. Dereden amacına uygun taşlar buldu (Bkz. 1. Samuel 17:40). O taşları pürüzsüz hale getiren şey neydi? İki etki: İlk olarak üzerlerinden akan su; ikinci olarak ise sürekli birbirlerine çarpmaları.

Hristiyanca karakter de böyle şekillenir. Önce, sürekli olarak *"Tanrısal sözle yıkanma"* (Bkz. Efesliler 5:26) vardır. Sonra, çarpışan taşlar gibi karakterimizdeki sivrilikler de ilişkilerimiz aracılığıyla, "pürüzsüz" hale gelene kadar törpülenir.

İsa da kendi sapanı için "yaşayan taşlar"a ihtiyaç duyduğunda alçakgönüllülük vadisine iner. Orada, Tanrı Sözü'nün etkisiyle ve imanlıların birbiriyle ilişkisiyle pürüzsüz hale gelmiş olan taşları seçer.

Hristiyan kardeşlerimizi, karakterlerine göre değil ama Mesih'in her biri uğruna kanını döktüğü için içten ve samimi bir şekilde sevmek, ruhsal olgunluğun bir işaretidir.

Ruhsal gelişimin son aşaması olan **"agape sevgisi"**, Hristiyanca karakterin tamamlanmış olgun ürününün göstergesidir. Bu sevgi sadece imanlılarla olan ilişkilerimizle sınırlı kalmaz. Tanrı'nın, kutsal olmayanlara ve şükretmeyenlere karşı beslediği kendi sevgisidir. Bu sevgiyle *"düşmanlarınızı sevin, size zulmedenler için dua edin"* ayeti hayatımızda gerçeğe dönüşür (Matta 5:44).

Bu sevgi kendisini çarmıha gerenler için dua ederken, Mesih'in çarmıhta sergilediği sevgidir: *"Baba, onları bağışla, çünkü ne yaptıklarını bilmiyorlar"* (Luka 23:34). İstefanos'a kendisini taşlayanlar için şu duayı ettiren de aynı sevgiydi: *"Ya Rab bu günahı onlara yükleme"* (Elçilerin İşleri 7:60).

Zalim Saul'ü Mesih'in Hizmetkârı Pavlus haline getiren bu sevgidir: *"Herkesle her şey oldum"* (1. Korintliler 9:22).

Bana gelince, Kutsal Kitap'ta Kutsal Ruh'un tamamıyla olgunlaşan meyvesi hakkında düşündüğümde, hem alçakgönüllü hem de ilham doluyum. Alçakgönüllüyüm, çünkü hala gidecek çok yolum var. İlham doluyum, çünkü bu dünyanın sunabileceği her şeyden daha güzel bir şey yakaladım.

Pavlus'un söylediği bir sözü tekrarlamak istiyorum:

"Kardeşler, kendimi bunu kazanmış saymıyorum. Ancak şunu yapıyorum: Geride kalan her şeyi unutup ileride olanlara uzanarak, Tanrı'nın Mesih İsa aracılığıyla yaptığı göksel çağrıda öngörülen ödülü kazanmak için hedefe doğru koşuyorum" (Filipililer 3:13-14).

YAZAR HAKKINDA

Derek Prince (1915-2003) Hindistan'ın Bangalore eyaletinde, İngiliz ordusuna bağlı asker kökenli bir ailede doğdu. İngiltere'de Eton Lisesi ve Cambridge Üniversitesi'nde ve daha sonra İsrail'deki İbrani Üniversitesi'nde klasik diller (Yunanca, Latince, İbranice ve Aramice) konusunda araştırmacı olarak eğitim aldı. Öğrencilik yıllarında sıkı bir feslefeciydi ve kendini ateist olarak ilan etmişti. Cambridge'deki King's Lisesi'nde antik ve modern felsefe derslerini başlattı.

İkinci Dünya Savaşı sırasında, İngiliz Sıhhiye Kolordusu'ndayken, Prince bir felsefe çalışması olarak Kutsal Kitap okumaya başladı. İsa Mesih'le yaşadığı güçlü birlikteliğin dönüşümüyle, birkaç gün sonra Kutsal Ruh'la vaftiz oldu. Bu yaşam değiştiren tecrübenin tüm hayatına işlemesiyle kendini Kutsal Kitap çalışmaya ve öğretmeye adadı.

1945'te Kudüs'te ordudan ayrılıp oradaki çocuk evinin kurucusu olan Lydia Christensen'le evlendi. Evliliğinde, Lyda'nın evlat edinilmiş sekiz kız çocuğunun da (altısı Yahudi, biri Filistin'li Arap, biri de İngiliz) babası oldu. Ailece İsrail devletinin 1948'de yeniden doğuşunu gördüler. 1950'lerin sonunda Kenya'daki bir lisede müdürlük yaparken, başka bir kız çocuğu daha evlat edindi.

Prince 1963 yılında Amerika Birleşik Devletleri'ne göç etti ve Seattle'da bir kilisede pastörlük yapmaya başladı. John F. Kennedy'nin katledilmesinin de etkisiyle Prince, Amerikalılara kendi ulusları için Tanrı'nın önünde nasıl aracılık etmeleri gerektiğini öğretmeye başladı. 1973'de Amerika İçin Dua Eden Aracılar'ın kurucularından biri oldu. Dua ve Oruçla Tarihi Şekillendirmek adlı kitabıyla dünyanın dört bir yanındaki Hristiyanlar'ı kendi hükümetleri için dua etme sorumluluğu konusunda uyandırdı. Birçoklarına göre bu kitabın el altından yapılan gizli çevirileri SSCB, Doğu Almanya ve Çekoslovakya'daki komünist rejimlerin yıkılmasında etkin bir rol oynadı.

Lydia Prince 1975'de öldü ve Derek 1978'de Ruth Baker'la (evlat edindiği üç çocuğa annelik yapan bekar bir kadın) evlendi. İlk eşine rastladığı Kudüs'te Rab'be hizmet ederken ikinci eşiyle tanıştı. 1981'den Ruth'un öldüğü 1998 Aralık ayına kadar Kudüs'te beraber yaşadılar.

2003 yılında 88 yaşındayken hayata gözlerini kapamasından birkaç yıl öncesine kadar Tanrı'nın onu çağırdığı hizmetlerde çalışmaya devam etti. Tanrı'nın açıkladığı gerçekleri duyurmak için dünyanın dört yanına seyahat etti, hastalar ve cinliler için dua etti ve Kutsal Kitap'ın ışığında dünyadaki olaylarla ilgili peygamberliklerde bulundu. Yazdığı elliden fazla kitap, altmıştan fazla dile çevrilerek tüm dünyaya dağıtıldı. Nesilden nesle geçen lanetler, İsrail'in müjdesel önemi ve demonoloji (Şeytan bilimi) gibi çığır açan konulardaki öğretilere öncülük etti.

Uluslararası merkezi North Carolina Charlotte'da bulunan Derek Prince Hizmetleri, dünyaya yayılmış şubeleriyle öğretilerini yaymaya ve hizmetkârlar, kilise liderleri ve cemaatler için eğitim vermeye devam etmektedir. Başarılı Yaşamın Anahtarları (şimdilerde Derek Prince'in Mirası Radyosu diye anılıyor) adlı radyo programı 1979'da başladı ve bir düzineden fazla lisana tercüme edildi. Tahminlere göre Prince'in açık, mezhepsel olmayan Kutsal Kitap öğretileri dünyanın yarısından fazlasına ulaştı.

Dünyaca tanınan bir Kutsal Kitap araştırmacısı ve ruhsal bir lider olarak Derek Prince, altı kıtada yetmiş yıldan fazla öğretti ve hizmet verdi. 2002'de şöyle demişti: "Benim (ve inanıyorum ki Rab'bin de) isteğim, altmış yılı aşkın bir süredir Tanrı'nın benim aracılığımla başlattığı bu hizmetin yaptığı işe İsa dönene kadar devam etmesidir."